MINISTÈRE DE L'INSTRUCTION PUBLIQUE ET DES BEAUX-ARTS

BIBLIOTHÈQUE, OFFICE ET MUSÉE

DE L'ENSEIGNEMENT PUBLIC

(MUSÉE PÉDAGOGIQUE)

SERVICE DES PROJECTIONS LUMINEUSES

NOTICES SUR LES VUES

LES CROISADES

PAR

Médéric TOURNEUR,

agrégé d'histoire.

MELUN

IMPRIMERIE ADMINISTRATIVE

1905

La présente notice doit être renvoyée au Musée avec les Vues.

LES CROISADES

INTRODUCTION

Ce mot « Croisades » a deux sens :

1° Un sens très large, qui comprend, en vérité, toutes les guerres religieuses du moyen âge : guerres des Carolingiens contre les Saxons et les Arabes, suivies d'un côté des guerres des Saxons contre les Slaves, de l'autre, des guerres espagnoles contre les musulmans de la péninsule ibérique, croisade « albigeoise », expédition de Louis de France contre Jean d'Angleterre, de Charles d'Anjou contre les Staufen, conquête de la Prusse par les chevaliers teutoniques, etc. ;

2° Puis un sens restreint, que voici : les expéditions entreprises par les seigneurs d'occident contre les pays de la Méditerranée soustraits au catholicisme romain.

On compte 8 croisades, au sens restreint.

Mais ce chiffre, traditionnel et commode, est brutal :

1° Gardons-nous d'abord de nous représenter « une croisade » comme « une expédition » au plein sens de ce mot. Ainsi la « première croisade » (1095-1101) ne comprit pas une expédition, ni même une série d'expéditions, mais trois séries indépendantes d'expéditions. Il faut tenir compte, en outre, d'un nombre incalculable de « petites croisades ». Il serait à peine exagéré de se représenter la croisade comme un mouvement continu, plutôt que comme des expéditions intermittentes, et de dire que du XIe au XIVe siècles, l'occident fut « en état de croisade ».

2° L'état politique de l'occident au moyen âge (au Xe ou XIe siècles encore, une poussière de seigneuries) interdisait les grandes expéditions vraiment coordonnées.

La croisade fut le plus souvent pratiquée comme une « guerre privée », chaque seigneur, grand ou petit, partait, luttait, revenait ou restait librement, pour son compte.

La seconde croisade, c'est l'expédition de Conrad d'Allemagne (1146-1147) et l'expédition de Louis VII de France (1147-1148).

La troisième croisade, ce sont les expéditions, personnelles et distinctes, de Frédéric Barberousse d'Allemagne (1189-1190), de Philippe-Auguste de France (1191), de Richard d'Angleterre (1191-1192).

3° Il suit de là que chaque croisade eut son caractère, son itinéraire et son objectif particuliers.

La quatrième croisade (1202-1204) fut dirigée vers Zara et Constantinople, les cinquième, sixième, septième vers l'Égypte, la huitième vers Tunis.

Tout cela posé, on ne saurait grouper sous quelques titres les «causes générales» des croisades.

Chaque «croisade» eut ses causes propres, son histoire propre. Le mieux est donc de passer en revue les principales croisades, ou plutôt d'essayer — les documents le permettent — de refaire quelques voyages de croisés.

I. — LA 1re « CROISADE » 1095-1101

N° 1. — Vue de Jérusalem.

(État présent.)

Depuis le VIIe siècle les lieux saints, témoins de la naissance, de la prédication, du martyre de Jésus-Christ, étaient aux mains des musulmans.

En 638, Omar, khalife arabe, continuateur de l'œuvre de Mahomet, avait conquis Jérusalem et édifié une mosquée sur l'emplacement du temple de Salomon, au-dessus du rocher sacré où avait eu lieu le sacrifice d'Abraham. Les chrétiens pourtant avaient libre accès à Jérusalem. Depuis le IVe siècle ils y venaient en foule.

Mais au XIe siècle des musulmans néophytes, les Turcs Seldjoucides, devinrent maîtres des lieux saints et molestèrent parfois les pèlerins. Ni le roi d'Arménie ni l'empereur de Constantinople, tous deux chrétiens, n'avaient la force de mettre fin aux violences musulmanes et aux menaces d'invasion. On n'arriva plus à Jérusalem qu'au prix des plus grands dangers. En 1094 un religieux d'Amiens, Pierre l'Ermite, tenta l'aventure, mais il échoua.

N° 2. — Notre-Dame du Port à Clermont-Ferrand.

Portail sud. — XIe siècle.

Quelle que fût la gravité — sans doute exagérée — du « péril oriental », ce n'est pas en orient, c'est en occident qu'il faut chercher la cause de la croisade.

Un grand mouvement de réforme ecclésiastique agitait l'Europe chrétienne au XIe siècle. Au temps du pape Grégoire VII (1073 — 1085) la réforme triompha et l'Église acquit un ascendant nouveau.

Déjà, pour affirmer la suprématie définitive de l'Église, Grégoire VII songeait nettement quelque temps avant sa mort à grouper tous les chrétiens dans une lutte contre l'orient. L'idée de la « croisade », ainsi née et propagée, fut reprise par le pape Urbain II et ses amis.

Au *concile de Clermont-Ferrand* (automne 1095) 14 archevêques, 250 évêques, 400 abbés, dit-on, proclamèrent la nécessité et la sainteté de la croisade. Tout croisé fut déclaré sacré ; ses biens garantis contre toute poursuite, son âme assurée contre la crainte du Purgatoire.

Alors les prédicateurs populaires se mirent à l'œuvre. L'Europe occidentale était maintenant convertie tout entière. Le besoin de conquête religieuse prit pour objet l'orient. Derrière les prédicateurs populaires des foules immenses commencèrent à se mettre en mouvement. Pierre l'Ermite, Gottschalk, Volkmar, Enrich de Leinigen, etc., conduisirent des bandes de croisés naïfs, enthousiastes, vers l'Asie.

Toutes échouèrent et avec elles la croisade des prédicateurs populaires et l'action directe de l'Église.

Les croisades ne furent point conduites par les ecclésiastiques. Le rôle de l'Église fut autre. Ce fut d'entretenir en occident, de surchauffer parfois, l'esprit de croisade. L'esprit de croisade devint une force immense. Mais de cette force, l'Église ne disposa jamais directement ; l'Église a donc un grand rôle dans chaque croisade, mais le rôle de premier plan appartient aux vrais maîtres des forces matérielles d'alors, aux seigneurs.

N° 3. — **Un seigneur du XIe siècle.**

(D'après la tapisserie de Bayeux — dernier quart du XIe siècle.)

Au XIe siècle le monde seigneurial se trouvait prêt pour la croisade, non surtout parce que les seigneurs « ayant adopté une façon de combattre uniforme pouvaient plus facilement opérer ensemble » (c'était la moindre de leurs préocupations et l'on ne connaît guère d'opérations « d'ensemble ») mais parce qu'alors s'épanouit en occident une civilisation où toute force leur est subordonnée. Ils disposent des principales sources de richesse et d'une complète autonomie.

Les rois d'alors ne sont que des seigneurs, quelques-uns, comme le roi de France, de petits seigneurs.

A leur amour des aventures guerrières, à leur besoin de terres nouvelles, parfois à leurs passions chevaleresques la croisade offre les plus beaux prétextes et les plus merveilleux coups de fortune.

Beaucoup répondent donc avec empressement aux invitations du pape et des évêques ; sous l'influence de l'Église, ils se groupent même en bandes désordonnées et s'acheminent vers l'orient (1096).

Des quatre groupes de seigneurs croisés formés en 1096, trois partirent d'Italie : le groupe de Raymond de Saint-Gilles, comte de Toulouse, passa par la Lombardie et la Dalmatie, ce qui était d'ailleurs la voie la plus courte, les groupes de Hugues de Vermandois et de Bohémond de Tarente s'embarquèrent à Brindisi. Venus par le nord ou par l'Italie, tous avaient un rendez-vous commun, Constantinople.

N° 5. — Sainte-Sophie de Constantinople.

Vue intérieure: église byzantine aujourd'hui mosquée turque.

Constantinople, le meilleur rendez-vous en vérité qui pût s'offrir, le boulevard naturel de l'Europe entière en face de l'Asie, la capitale opulente d'un Empire qui avait résisté à toutes les invasions et qui, huit siècles après la ruine et le pillage de Rome, maintenait ininterrompue et glorieuse la tradition de l'Empire romain. Ses richesses, sa splendeur éblouirent les croisés d'occident, gens incultes, demi-barbares. Forts de leur nombre, quelques-uns commirent des grossièretés et des violences dont Anne Commène, fille de l'empereur d'alors, a laissé le souvenir. Mais la plupart s'inclinèrent, cette fois, devant le «Basileus», lui prêtèrent hommage et lui promirent de tenir à titre de vassaux les terres à conquérir.

N° 6. — Sarrazins.

(Vitrail de l'abbaye de Saint-Denis: combat entre croisés et Sarrazins en vue d'Antioche.)

D'ailleurs, l'empereur de Constantinople, très pressé de se délivrer de ces chevaliers belliqueux et puissants, leur facilita le passage en Asie. Il leur adjoignit un corps de troupes byzantines qui, s'il se trouva comme par hasard en retard au siège de la ville de Nicée, lui en assura du moins la possession (juin 1097).

Chassés de Nicée, les musulmans furent battus à Dorylée le mois suivant par les croisés A Antioche, se livrèrent entre eux et le khalife de Mossoul les plus sanglantes et les plus décisives batailles de toute l'expédition. Enfin, épuisés par leurs pertes, ce ne fut pas sans peine que les croisés s'emparèrent de Jérusalem.

N° 7. — **Mosquée d'Omar.**

Après un siège de 40 jours, les croisés entrèrent dans la ville par une brèche (15 juillet 1099).

Leur triomphe fut suivi d'un épouvantable massacre, où périrent, dit-on, 70.000 musulmans.

Les cruautés s'exercèrent surtout dans les mosquées, mais les monuments ne furent point atteints.

La mosquée d'Omar subsista.

N° 8. — **Méditerranée Orientale.**

Carte d'ensemble pour l'étude générale de la croisade en Orient :

A. principales *seigneuries* franques et états chrétiens;
B. *colonies* et comptoirs commerciaux d'occidentaux en orient;
C. établissements fondés par des *ordres guerriers*.

En pays ennemi, les seigneurs éprouvèrent un besoin d'organisation inconnu encore en occident.

Ils fondèrent 4 États seigneuriaux : 1° la principauté d'Antioche ; 2° le comté d'Édesse ; 3° le royaume de Jérusalem ; 4° le comté de Tripoli.

Ainsi la croisade aboutissait à l'établissement à demeure d'occidentaux en Syrie.

Trois circonstances en assurèrent la durée.

La première, et la principale, ce fut le développement de colonies marchandes dans les ports de la côte syrienne. Il se produisit au XIIe siècle un mouvement de colonisation tout à fait comparable à ce qu'avaient été jadis la colonisation phénicienne et la colonisation grecque. Des comptoirs ou des quartiers autonomes de marchands pisans, gênois ou marseillais naquirent en peu de temps à Gaza, Ascalon, Jaffa, Tripoli. Des relations permanentes s'établirent par eux entre l'orient et l'occident. Vitalement intéressés à ce que les résultats de la croisade fussent durables, ces marchands contribuèrent à fixer l'état de chose nouveau en Syrie et à instaurer un régime pacifique favorable à leurs affaires.

N° 9. — Le Saint-Sépulcre à Jérusalem.

(État présent.)

Autre cause de durée : la fondation d'ordres guerriers, qui, nés à Jérusalem auprès du Saint-Sépulcre, s'étendirent en orient et même dans toute la chrétienté.

1° — Les Templiers (1119).
2° — Les Hospitaliers de St.-Jean-de-Jérusalem (1130).
3° — L'ordre teutonique (1191).

N° 10. — Le Krak des Chevaliers.

Essai de restitution (d'après G. Rey).

Enfin les seigneurs d'occident restés en Syrie couvrirent ce pays au début du XIIe siècle d'un formidable réseau de châteaux forts, dont beaucoup subsistent encore aujourd'hui ; quelques-uns, comme le Krak, sont admirablement conservés.

Le nombre des seigneurs et des chevaliers venus en orient décrut très vite. Le roi de Jérusalem n'en eut bientôt plus autour de lui que quelques centaines, affaiblis et divisés.

Mais d'occident arrivaient sans cesse des groupes de nouveaux croisés.

En 1100, à la nouvelle de la prise de Jérusalem, à l'appel des premiers croisés, de nouvelles bandes se formèrent ; l'une fut détruite à Ancyre par les Turcs, l'autre à Héraclée, un petit nombre parvint en terre sainte.

Mais aucun échec ne devait arrêter, pendant longtemps, le courant de la croisade.

II. — AUTRES CROISADES

N° 11. — Église abbatiale de Vézelay.

Dans le duché de Bourgogne.

Les Musulmans ne se résignaient pas à la perte de la Syrie.

Au milieu du XIIe siècle, l'arrivée de nouvelles tribus marqua une nouvelle offensive de l'islam. Ces tribus n'avaient devant elles que des marchands, isolés, des religieux et quelques chevaliers désunis. En 1128, Imad Eddin Zenghi, gouverneur de Mossoul, enlevait Alep, puis, en 1144, Édesse.

C'était le temps où l'abbé de Clairvaux, saint Bernard, grâce à son influence sur le roi de France et le pape paraissait diriger la chrétienté d'occident et créer un nouveau mouvement de réforme ecclésiastique.

Il fit de la croisade sa chose ; c'est à son instigation, à la suite de ses discours de Vézelay en Bourgogne et de Spire sur le Rhin, qu'eurent lieu deux expéditions, celle de Conrad III d'Allemagne, et celle de Louis VII de France (1146-1148).

Les deux expéditions, menées séparément, furent malheureuses. Au siège de Damas, les croisés anciennement établis secondèrent mal les nouveaux venus. Tous furent battus. Désaccord qui annonçait de nouveaux échecs.

N° 12. — Richard Cœur de Lion.

(d'après son tombeau à Fontevrault.)

« 3e CROISADE »

En 1187, moins d'un siècle après son retour aux chrétiens, Jérusalem succombait, après une grande victoire de Saladin près du lac de Tibériade.

Le roi de Jérusalem s'enfuit à Chypre.

Ce fut la cause d'une recrudescence de l'esprit de croisade en occident et de nouvelles expéditions.

1. Celle de l'empereur *Frédéric Barberousse* échoua, malgré une victoire à Konieh, à cause d'un accident qui priva l'expédition de son chef (1190).

2. Après un très long siège et grâce à la coopération de croisés danois, frisons, français (amenés par le roi Philippe-Auguste), anglais (amenés par le roi Richard Cœur de Lion), la forteresse d'Acre dut capituler.

Mais Jérusalem ne fut point reprise.

Richard Cœur de Lion enleva pourtant Jaffa, Ascalon et obtint que les chrétiens pussent visiter Jérusalem sans payer tribut.

Mais ce fut tout. Car le seul prince parmi les croisés qui eût pu sans doute obtenir des résultats durables, le roi de France, Philippe-Auguste, quittait l'expédition après la prise d'Acre.

Il revint en France, et profitant de l'absence du roi d'Angleterre envahit ses domaines continentaux. C'était rappeler Richard en occident et terminer la croisade.

N° 13. — Le Château Gaillard.

La guerre contre un croisé semblait donc au roi de France plus importante que la croisade.

C'est qu'au XIIe siècle l'état politique de l'occident se transformait peu à peu. A la poussière des seigneuries se substituaient des États. Au milieu de longues luttes contre les grands seigneurs de France, d'Angleterre, et d'Empire, le royaume de France s'édifiait. Déjà au temps de Philippe-Auguste, le roi de France avait les moyens de résister au pape, à l'insinuant et volontaire Innocent III. Et maintenant il cherchait à réserver au service du roi toutes les forces du royaume.

Au régime seigneurial et ecclésiastique se substituait ainsi un régime nouveau, beaucoup moins favorable aux mouvements de croisade.

N° 14. — Palais des Doges à Venise.

« 4e CROISADE »

Mais l'esprit de croisade subsistait presque intact. Il fut ranimé au début du XIIIe siècle par le grand «revival» religieux qui amena la naissance des ordres mendiants et l'épanouissement en France de tout un art nouveau.

L'esprit de croisade restait une force immense. A cette époque, le pape Innocent III essayait de s'en servir pour gouverner l'occident, et les Vénitiens pour établir leur prépondérance commerciale dans la Méditerranée orientale.

Parmi les villes italiennes qui essayaient de mettre la croisade au service de leurs intérêts commerciaux, Venise avait joué jusqu'alors un rôle secondaire. Le commerce de Syrie était aux mains d'Amalfitains, de Pisans, de Génois, de Marseillais. Les Vénitiens, tard venus, dirigés par leur «doge» Henri Dandolo, entreprirent la conquête commerciale de la péninsule des Balkans.

Ils attirèrent vers leur ville les flots de croisés qui accompagnaient Geoffroi de Villehardouin, maréchal de Champagne, et Boniface, marquis de Montferrat. Maîtres des ressources financières et des moyens de transport, ils les tinrent à leur merci et firent d'eux quelque temps leur instrument. Au lieu de gagner la Syrie, les croisés, à l'instigation des Vénitiens, allèrent conquérir un port maritime important, la ville chrétienne de Zara en Dalmatie, et ensuite la capitale de la péninsule balkanique, Constantinople.

N° 15. — **Entrée des Croisés à Constantinople.**

(Tableau de Delacroix.)

Rien ne servait mieux du reste les appétits des chefs de la croisade. Ceux d'entre eux qui allaient en orient pour conquérir des terres et fonder des seigneuries, trouvaient la Syrie déjà prise, ou à reprendre à des adversaires redoutables.

La péninsule balkanique au contraire, où l'Empire byzantin affaibli par des querelles dynastiques, semblait à l'agonie, offrait, tout près, un meilleur terrain de colonisation.

Chacun à leur manière, grands seigneurs ou marchands cherchèrent donc à tirer bénéfice de l'enthousiasme des croisés. L'accord fut même formel. Avant la victoire ils s'entendirent pour s'en partager les principaux profits. Élection du futur empereur de Constantinople, occupation de Sainte-Sophie, désignation du futur patriarche, règle de partage du territoire balkanique, tous ces points essentiels furent fixés d'avance.

Constantinople prise d'assaut et pillée (12 avril 1204),

les Byzantins livrés aux massacres, Baudouin de Flandre fut élu « empereur de Romanie » et le vénitien Morosini patriarche.

Le territoire byzantin fut réparti entre les seigneurs; il y eut des marquis de Corinthe, des ducs d'Athènes, des comtes de Thèbes. Geoffroi de Villehardouin, qui a laissé, en français, un récit fameux de cette « croisade », devint prince d'Achaïe.

Les Vénitiens occupaient les postes favorables à leur commerce: Andrinople, et un grand nombre de points du littoral.

C'était, au fond, sous des formes nouvelles, avec moins de dissimulation, le recommencement de l'histoire de la première croisade.

Les colonies marchandes de Syrie avaient résisté et duré; le royaume de Jérusalem avait succombé.

L'Empire franc de Constantinople eut le même sort; il dépassa à peine un demi-siècle de durée; mais les colonies vénitiennes lui survécurent plusieurs siècles.

N° 16. — Cloître de l'église Saint-Jean de Latran à Rome.

« 5e CROISADE »

C'est à cette époque, au temps du pape Innocent III, et en partie par son action, que l'esprit de croisade atteignit sa plus grande exaltation.

Ce pape, très jeune, enthousiaste et habile, voyait dans la croisade, comme Grégoire VII, ce qu'elle pouvait être en effet, un moyen de diriger le monde, l'occident et l'orient. La croisade fut « la passion constante de son pontificat ». Il fut l'instigateur de toutes les croisades au début du XIIIe siècle : de la croisade des Albigeois, de la croisade espagnole qui vainquit les Arabes à las Novas de Tolosa (1212), des « croisades » de Philippe-Auguste contre Otton de Brunswick et de Louis de France contre Jean d'Angleterre.

Vers l'orient, il fut l'instigateur de trois croisades, la « quatrième » (1202-1204), la « cinquième » (1219-1221), la « sixième » (1227-1229), ces deux dernières entreprises après sa mort, mais conçues et préparées par lui au concile de Latran (1215).

Or, de toutes ces croisades, aucune, en vérité, ne tourna finalement au profit de la papauté.

La croisade de 1202, dont les Vénitiens avaient enlevé au pape la direction, rendit la péninsule des Balkans et le patriarcat de Constantinople au catholicisme romain, mais pour un temps très court.

La « cinquième croisade », que conduisait, fait remarquable, un légat du pape, se termina par un désastre complet (1219-1221).

La « sixième » enfin, celle qu'en 1212 Innocent III avait imposée au jeune roi de Sicile Frédéric II, fut un échec direct infligé au pape par l'empereur.

N° 17. — Sceau de l'empereur Frédéric II

« 6e CROISADE »

Depuis plusieurs siècles, empereurs et papes se disputaient — par dessus la polyarchie seigneuriale — la direction de l'occident.

Le conflit atteignit son acuité extrême au XIIIe siècle, après la mort d'Innocent III, au temps de l'empereur Frédéric II.

Roi de Jérusalem, héritier de l'empereur de Constantinople, roi de Sicile, roi des Romains, roi d'Arles, roi d'Italie et d'Allemagne, empereur, Frédéric II possédait tous les titres à la direction générale de l'occident, sauf un, concentrait en lui toutes les traditions impérialistes d'alors, sauf une. Il ne lui manquait que le pontificat romain.

L'empereur Frédéric II ne fut point pape, mais il tint plusieurs fois, et, chaque fois, plusieurs années l'autorité pontificale en son pouvoir. Et si elle lui échappa finalement, il emprunta du moins aux papes leurs procédés impérialistes. La croisade était le meilleur. Outre l'inquisition, l'excommunication, l'accusation d'hérésie, l'appel à l'opinion de la chrétienté et aux conciles, l'usage des circulaires aux princes, Frédéric II eut recours au procédé de la croisade, et fit la « 6e croisade ».

La « 6e croisade » (1228-1229) est l'une des plus intéressantes qui soient dans l'histoire d'occident et dans l'histoire d'orient.

Innocent III avait fait jurer trois fois à Frédéric II, Grégoire IX, successeur d'Innocent III, deux fois, d'entreprendre la croisade. Le pape l'imposait comme une obligation envers la papauté. Mais il suggérait ainsi à l'esprit impérieux et souple de Frédéric II l'idée d'en faire l'occasion d'une éclatante manifestation d'indépendance et d'autorité. Par des atermoiements opportuns, parfois involontaires, Frédéric II différa jusqu'en 1228 la croisade préparée dès 1215 par Innocent III. Il partit enfin. Cependant le pape, poussé à bout, l'excommuniait. Durant son absence à la croisade, il faisait même envahir le royaume de Sicile. Le pape ainsi adoptait l'attitude la plus ambiguë, se donnait tous les torts apparents, et rehaussait en occident la gloire de l'empereur croisé.

En même temps, en orient, Frédéric II tirait d'autres bénéfices de sa croisade. Devant l'impuissance des croisades seigneuriales et dans l'intérêt de leur commerce, les marchands italiens avaient ouvertement adopté une attitude conciliante et pacifique dans leurs rapports avec l'islam. Frédéric II prit à son compte, résolument, au profit du royaume de Sicile, cette attitude.' Au lieu de combattre il traita. Il traita tour à tour avec les sultans d'Égypte, de Tunis, de Tripoli, du Maroc. Il obtint d'eux, par compromis, des avantages et des privilèges commerciaux. Il devint maître ainsi de postes nombreux sur la côte méditerranéenne d'Afrique et prit possession de Jérusalem, de Nazareth, de Bethléem et des routes entre ces villes et la côte syrienne.

En dépit des excommunications pontificales et de l'opposition d'une partie du clergé syrien, Frédéric tira de cette politique tous ses fruits. Une flotte sicilienne croisa en permanence en orient. Un quart de siècle — au moins — la prépondérance commerciale en Méditerranée, que Venise, maîtresse de Constantinople, avait cru saisir, fut rétablie au profit du royaume de Sicile.

Tels furent les avantages considérables que Frédéric II comme empereur et comme roi de Sicile, tira de sa croisade.

Ils durèrent tant qu'il put lui-même résister à ses adversaires. A leur tête, le pape et Venise, également menacés, entreprirent contre lui l'un en occident, l'autre en orient, des luttes acharnées.

N° 18. — Saint Louis portant les reliques.

(D'après une peinture du temps.)

Pendant que le pape et l'empereur faisaient de la croisade un instrument au service de leurs ambitions l'enthousiasme religieux des premiers croisés subsistait chez des chrétiens du nord.

Il survivait intact et pur, il s'idéalisait en la personne du roi de France.

La croisade fut la grande passion de saint Louis.

Toute sa politique personnelle tient dans ces mots: unir les seigneurs de France, unir la chrétienté en vue de la croisade. A peine majeur il tourna vers l'orient ses préocupations. En 1239, l'empereur franc de Constantinople, soucieux de se concilier son appui, lui envoyait une des « reliques insignes » dont les Byzantins faisaient le commerce, « la couronne d'épines ».

Saint Louis la reçut avec une vénération crédule au milieu de solennités incomparables, escortant, lui-même pieds nus, la cassette qui la contenait. C'est pour elle que le roi fit bâtir magnifiquement la chapelle du Palais de Paris.

N° 19. — Remparts d'Aigues-Mortes.

« Saint Louis ne réalisait pas seulement le type idéal du chrétien mais aussi celui du chevalier de son temps et du « prud'homme » de tous les temps. »

Lorsqu'après avoir tenté en vain de réconcilier l'empereur Frédéric II avec le pape Innocent IV, entre lesquels se livrait une lutte à outrance, saint Louis entreprit de réunir une armée de croisés, « ce n'est pas seulement le saint, c'est l'homme supérieur qu'il était qui fut écouté et suivi. »

Malgré les difficultés que, de tout temps, avait présenté une telle entreprise, et la diminution continue de l'esprit de croisade, saint Louis réunit une armée, dit-on, de 40.000 hommes.

Du reste le roi de France était devenu depuis Philippe-Auguste le plus grand seigneur du royaume. Il avait la force de soudoyer ou de contraindre un grand nombre de chevaliers.

Mais, avec le christianisme et l'humanité, la royauté aussi s'idéalisait en saint Louis. Une pensée politique guida le roi. Il emmenait avec lui Pierre Mauclerc, comte de Bretagne, le comte de la Marche, Raymond Trencavel, ancien vicomte de Carcassonne et de Béziers, les seigneurs du midi, dépossédés au temps des guerres albigeoises, bref, ceux qui compromettaient par leur esprit d'indépendance l'unité du royaume nouvellement édifié et ceux qui avaient eu à souffrir de son édification.

En réveillant chez tous l'esprit de croisade, le roi les unissait dans la commune recherche d'un idéal. La croisade royale était une œuvre de réconciliation nationale.

Aigues-Mortes, récente création du roi de France, fut désignée à tous comme port d'embarquement. Saint Louis s'y embarqua le 25 août 1248.

N° 20. — **Joinville.**

(Autographe de Joinville.)

La croisade nous est connue, grâce aux écrits, conservés par hasard, d'un des chevaliers, confident et ami de saint Louis, qui accompagnèrent le roi : le sire de *Joinville,* sénéchal de Champagne. On lit au bas de la charte que voici ces mots écrits par Joinville : *Et comman a touz mes serjanz que il les paiet ades sans delai. Ce fu escrit de ma mein.*

La traversée dura 20 jours d'Aigues-Mortes à Chypre ; saint Louis, de concert avec l'empereur Frédéric II, avait ainsi fixé son itinéraire.

La croisade fut une série de méprises et d'échecs. Le seul « succès » de l'expédition fut la prise sans coup férir de Damiette. en Égypte, que les musulmans, saisis d'une panique inexplicable, abandonnèrent.

Mais après le désastre de la Mausourah saint Louis prisonnier, dut la rendre pour se racheter lui et son armée. Il gagna alors la Syrie, où avec les débris de son expédition, il s'employa à délivrer les prisonniers et à fortifier ce qui restait de places aux mains des chrétiens. Mais la peste atteignit l'armée du roi et la mort de sa mère, régente en son absence, étant survenue, saint Louis revint en France.

Il ne croyait pas sa croisade terminée. « Il ne cessa depuis son retour d'orient, d'en porter le signe sur les épaules et le désir au fond du cœur. »

N° 21. — Charles d'Anjou.

(D'après une miniature du temps.)

Cependant, en 1261, l'empire franc de Constantinople succombait ; le sultan d'Égypte entrait en Palestine.

En même temps que le rêve impérialiste de Frédéric II et que la croisade de saint Louis, la chrétienté tout entière subissait un échec en orient.

Un nouveau roi de Sicile, Charles d'Anjou, héritier de Frédéric II et frère de saint Louis, reprit le rêve impérial et fit reprendre à saint Louis sa croisade.

Il dirigea contre Tunis la croisade du roi de France, se réservant sans doute pour lui-même celle d'orient.

La mort de saint Louis à Tunis, après une longue attente de son frère, marqua la fin des projets de Charles d'Anjou et, peut-on dire, de l'esprit de croisade lui-même.

N° 22. — Le Temple de Paris.

Vue des tours, aujourd'hui détruites.

Mais voici une marque plus nette encore de la fin de l'esprit de croisade : la condamnation des Templiers imposée au pape par le roi de France. Car :

1. Le roi de France est donc devenu alors en France plus puissant que le pape. Il se déclare résolument seul maître des ressources du royaume.

2. Or, la France a joué le premier rôle dans toutes les croisades.

C'est d'elle principalement qu'affluaient les chevaliers dont les politiques et les marchands d'Italie cherchaient à l'envi à utiliser l'enthousiasme et la force.

L'abstention de la France mettait fin au principal courant de la croisade.

3. Les occupations (financières) des Templiers de Paris montrent enfin — dernier indice — ce qu'était devenu un ordre religieux et militaire fondé pour défendre les lieux saints.

N° 24. — Rhodes à vol d'oiseau.

Ceux qui, après la mort de l'esprit de croisade, maintinrent le plus vigoureusement en orient la civilisation occidentale, sont :

1° Les Hospitaliers de Saint-Jean.

Tandis que les *Templiers* gardaient pour l'occident la meilleure partie de leur activité, que les *Teutoniques* allaient poursuivre au nord de l'Europe la croisade commencée en Syrie (1239), les *Hospitaliers* devenaient l'ordre religieux et militaire par excellence des pays orientaux. Ils ne reculèrent que pied à pied, du XIIIe au XVIe siècle, devant les invasions renouvelées des musulmans. (Prise de Rhodes, 1522, par les Turcs; émigration des Hospitaliers à Malte.)

Mais ils ne subsistèrent qu'en s'adaptant aux conditions nouvelles créées en orient par l'échec des grandes croisades. Ils se firent colons, marchands, banquiers, architectes, guerriers, diplomates.

Les ruines de Rhodes attestent aujourd'hui encore leur merveilleuse activité.

N° 25. — Venise, place Saint-Marc.

2° Voici, enfin, les représentants les plus tenaces de l'activité occidentale en orient, et en même temps les plus certains bénéficiaires de tout le mouvement de la croisade : les villes marchandes de la Méditerranée occidentale, Venise, avant toute autre.

Comme la nature même de la croisade rend aussi téméraire l'analyse des « conséquences générales » des croisades que celles de leurs « causes générales », voyons du moins quels en furent pour Venise les résultats principaux.

Trois sont clairement perceptibles :

1° *Une activité commerciale intense.*

Les croisades avaient, d'un côté, « ouvert » les pays musulmans à la pénétration commerciale et, de l'autre, développé en Europe le goût des produits du Levant.

Les Vénitiens se chargèrent à la fois d'utiliser « l'ouverture » des pays musulmans et de satisfaire les goûts nouveaux des occidentaux.

L'écrasement de leurs concurrents de l'Italie méridionale et de la Sicile, l'accroissement méthodique de leur empire méditerranéen leur permirent de capter le principal courant né de la croisade.

Jusqu'à l'époque de la découverte des Indes occidentales et des routes nouvelles vers l'orient, Venise resta ce que la firent les croisades, la plus grande métropole commerciale de la chrétienté.

2° *L'éveil d'une vie intellectuelle et artistique.*

Venise était demeurée étrangère au grand mouvement de renaissance du XIIe siècle ; mais au XIIIe, tandis que ce grand mouvement « tournait court finalement là où il promettait » le plus — notamment dans le royaume de Sicile — un autre, celui qui devait aboutir à la renaissance du XVe et du XVIe siècle, s'esquissait dans les villes de l'Italie du nord. En même temps qu'une métropole commerciale, Venise, [comme Amsterdam au XVIIe siècle], devenait une métropole intellectuelle. C'est à Venise qu'appartiennent les plus audacieux explorateurs du moyen âge : Jean, Nicolo et Marco POLO.

Introduisant l'Asie entière dans la perspective intellectuelle des hommes d'occident, ces Vénitiens provoquèrent un mouvement d'idées comparable à celui qui suivit la découverte de l'Amérique et qui en fut le prolongement.

En même temps, dans l'art, s'opérait, un grand travail d'assimilation des formes orientales. Où l'observer mieux qu'à Venise ? La cathédrale Saint-Marc atteste aujourd'hui encore quelle part brillante elle y prit.

3° Des vues et des procédés de politique générale.

Avant les croisades, le pape seul — rarement l'empereur aussi — était en situation de concevoir et de pratiquer une politique générale.

Quand Venise fut devenue, par l'effet de la croisade, capitale d'un vaste empire méditerranéen, intermédiaire entre le monde chrétien et le monde musulman, elle s'habitua, avant tous les autres États européens, aux vastes perspectives politiques, et devint la première école de la diplomatie européenne.

Elle fit plus :

La croisade implantait en occident, avec l'idée fixe d'un péril oriental, l'habitude d'une attitude offensive à l'égard de l'orient.

Mais la division de l'Europe, la pression croissante des intérêts particuliers, l'incoordination des forces offensives de la chrétienté, faisaient échouer chaque croisade.

Venise, — comme avant elle d'autres villes italiennes et le roi de Sicile, Frédéric — fut donc amenée à adopter à l'égard de l'islam, sans vouloir vraiment renier l'intérêt de la chrétienté, mais pour satisfaire ses besoins commerciaux grandissants et son désir d'hégémonie, une politique particulière, faite de compromis qui surprirent.

« Nous sommes Vénitiens d'abord, disait-on à Venise, chrétiens ensuite. »

Or, telle sera — longtemps après la décadence de Venise — l'attitude qu'imposeront la division de la chrétienté et l'impuissance d'un État particulier à en coordonner les forces en une croisade contre l'orient, aux États qui prétendront successivement — comme Venise — à l'hégémonie commerciale.

MELUN. — IMPRIMERIE ADMINISTRATIVE. — M. P. 878 Z

www.ingramcontent.com/pod-product-compliance
Lightning Source LLC
LaVergne TN
LVHW010408240826
846091LV00020B/2841

* 9 7 8 2 3 2 9 3 5 5 5 1 1 *